LÍNGUA PORTUGUESA

5

CADERNO DE ATIVIDADES

William CEREJA
Professor graduado em Português e Linguística e licenciado em Português pela Universidade de São Paulo (USP)
Mestre em Teoria Literária pela Universidade de São Paulo (USP)
Doutor em Linguística Aplicada e Análise do Discurso pela Pontifícia Universidade Católica de São Paulo (PUC-SP)
Professor da rede particular de ensino em São Paulo, capital

Carolina Dias VIANNA
Professora graduada e licenciada em Português pela Universidade Estadual de Campinas (Unicamp-SP)
Mestra em Linguística Aplicada pela Universidade Estadual de Campinas (Unicamp-SP)
Doutora em Linguística Aplicada pela Universidade Estadual de Campinas (Unicamp-SP)
Professora das redes pública e particular de ensino em São Paulo e Minas Gerais

Paula BARACAT De Grande
Graduada e licenciada em Letras pela Universidade Estadual de Campinas (Unicamp-SP)
Mestra em Linguística Aplicada pela Universidade Estadual de Campinas (Unicamp-SP)
Doutora em Linguística Aplicada pela Universidade Estadual de Campinas (Unicamp-SP)
Professora no ensino básico e no ensino superior em São Paulo e no Paraná

Atual Editora

Editora Saraiva

Presidência: Mario Ghio Júnior

Vice-presidência de educação digital: Camila Montero Vaz Cardoso

Direção editorial: Lidiane Vivaldini Olo

Gerência de conteúdo e design educacional – Soluções completas: Viviane Carpegiani

Edição: Fernanda Vilany, Mônica Rodrigues de Lima e Paula Junqueira

Preparação de texto: Noé Gonçalves Ribeiro

Planejamento e controle de produção: Flávio Matuguma (ger.), Juliana Batista (coord.) e Jayne Ruas (analista)

Revisão: Letícia Pieroni (coord.), Aline Cristina Vieira, Anna Clara Razvickas, Brenda T. M. Morais, Carla Bertinato, Daniela Lima, Danielle Modesto, Diego Carbone, Kátia S. Lopes Godoi, Lilian M. Kumai, Malvina Tomáz, Marília H. Lima, Paula Rubia Baltazar, Paula Teixeira, Raquel A. Taveira, Ricardo Miyake, Shirley Figueiredo Ayres, Tayra Alfonso e Thaise Rodrigues

Arte: Fernanda Costa da Silva (ger.), Catherine Saori Ishihara (coord.), Meyre Diniz (edição de arte)

Diagramação: Arte4

Iconografia e tratamento de imagem: Roberta Bento (ger.), Claudia Bertolazzi (coord.), Cristina Akisino (pesquisa iconográfica) e Fernanda Crevin (tratamento de imagens)

Licenciamento de conteúdos de terceiros: Roberta Bento (ger.), Jenis Oh (coord.), Liliane Rodrigues e Raísa Maris Reina e Cristina Akisino (analistas de licenciamento)

Ilustrações: Ilustra Cartoon

Design: Erik Taketa (coord.) e Talita Guedes da Silva (proj. gráfico e capa)

Avenida Paulista, 901, 6º andar – Bela Vista
São Paulo – SP – CEP 01310-200
http://www.somoseducacao.com.br

Dados Internacionais de Catalogação na Publicação (CIP)

Cereja, William Roberto
Língua portuguesa : caderno de atividades 5 / William Roberto Cereja, Carolina Dias Vianna, Paula Baracat De Grande. – 1. ed. - São Paulo : Atual, 2021.

ISBN 978-85-5769-247-3 (aluno)
ISBN 978-65-5945-009-1 (professor)

1. Língua portuguesa (Ensino fundamental) I. Título II. Vianna, Carolina Dias III. De Grande, Paula Baracat

21-1317 CDD 372.6

Angélica Ilacqua – Bibliotecária – CRB-8/7057

2021
1ª edição
1ª impressão
De acordo com a BNCC.

Impressão e acabamento: Bercrom Gráfica e Editora

Uma publicação SOMOS EDUCAÇÃO

APRESENTAÇÃO

PREZADO ESTUDANTE:

Neste Caderno de Atividades, você vai encontrar um conjunto de atividades relacionadas à língua portuguesa. São exercícios, brincadeiras e jogos de diferentes tipos, todos com a finalidade de desenvolver ou aprofundar seus conhecimentos sobre a língua de uma maneira divertida. Por meio deles, esperamos que você aprimore sua capacidade de ler e de escrever palavras e textos com autonomia.

Há atividades elaboradas com base em textos variados, como poemas, cantigas, parlendas, quadrinhas, cordel, fábulas, contos, histórias em quadrinho, pintura, fotografia, anedotas, textos de jornal, textos que circulam na internet e muitos outros. E também cruzadinhas, adivinhas e muitos outros jogos.

Se tiver dificuldade para ler ou compreender algum texto, peça ajuda ao professor. Em casa, peça ajuda a um adulto ou a um irmão ou irmã mais velhos.

Leia os textos com calma, procurando compreender as ideias fundamentais. Se for uma história, preste atenção nos personagens, no lugar em que ocorrem os fatos, nos diálogos, na trama da história... Se for um poema, preste atenção no ritmo, nas rimas, nas imagens e na sonoridade.

Caso tenha dificuldade para saber os sentidos ou a grafia de uma palavra, consulte sempre um dicionário.

Faça as atividades com cuidado e atenção. Você verá que, ao longo do ano, vai se sentir cada vez mais confiante em relação às diversas possibilidades de uso da língua portuguesa.

Um abraço,
Os autores

SUMÁRIO

UNIDADE 1

UNIDADE 2

UNIDADE 3

UNIDADE 4

UNIDADE 1

CAPÍTULO 1 — O VERBO E SUAS RELAÇÕES NA FRASE

Leia o poema:

Festa de São João

No céu, a Lua,
bola toda tonta,
põe luzes e sonhos
naquela noite de festa,
naquela noite tão fria,
naquela festa tão quente.

A música dos instrumentos
sai de dentro das gentes.

As cores das flores e bandeirinhas
têm o calor das gentes.

Os doces nos cestos e panelas
têm o mel de toda a gente.

Árvores e flores e frutos,
gentes e bichos
e até peixes e objetos,
iluminados, dançam felizes.
E São João, alegre e vaidoso,
sorri no seu mastro
E manda beijos pra todos.

(Elias José. *Ciência Hoje das Crianças*, ano 22, n. 202.)

Angelina Bambina/Shutterstock

1. Que tipo de festa o poema retrata?

____

2. Como as pessoas da festa se sentem?

____

3. Circule todas as formas verbais empregadas no poema.

4. Em que tempo elas estão? Por que estão nesse tempo?

____

____

5. Reescreva os seguintes versos, passando os verbos para o passado e depois para o futuro.

   a) A música dos instrumentos sai de dentro das gentes.

   ____

   ____

   b) Os doces nos cestos e panelas têm o mel de toda a gente.

   ____

   ____

6. Identifique os verbos das frases a seguir e verifique se eles estão no presente, no passado ou no futuro.

   a) De longe **ouviram** o som das sanfonas. ____________________

   b) Os alunos **convidarão** os pais para a festa. ____________________

c) A Lua **ilumina** a noite festiva. ______________________________

d) Um vento frio **agitou** as bandeirinhas coloridas. ____________________

e) Após a festa, os donos da casa **precisarão** de voluntários para a limpeza. ______________________

7 Observe este trecho do poema:

"A música dos instrumentos
sai de dentro das gentes."

Por que o verbo está no singular, se são vários os instrumentos?

____

____

8 Observe outro trecho do poema:

"Árvores e flores e frutos,
gentes e bichos
e até peixes e objetos,
iluminados, dançam felizes."

a) Qual é o sujeito da oração?

____

____

b) Quais são os núcleos do sujeito?

____

____

c) Por que o verbo foi empregado no plural?

____

____

Você sabe quando e onde "nasceu" a *pizza*? Leia este verbete de curiosidade:

Pizza

A história da pizza começou há 6 mil anos com os egípcios. Acredita-se que eles foram os primeiros a misturar farinha com água. Outros afirmam que os pioneiros são os gregos, que faziam massas à base de farinha de trigo, arroz ou grão-de-bico e as assavam em tijolos quentes. A novidade foi parar na península da Etrúria, na Itália.

Camo24/Shutterstock

Pizza napolitana: branco, verde e vermelho – cores da bandeira italiana.

Era um alimento de pobres do Sul da Itália. Mas foram os napolitanos que passaram a acrescentar molho de tomate e orégano à massa, que era dobrada ao meio e devorada como se fosse um sanduíche. Quem tinha um pouco mais de dinheiro colocava queijo, pedaços de linguiça ou ovos por cima. A partir do século XVI, a novidade era apreciada na corte de Nápoles e logo se espalhou pelo mundo.

Pizzas podem ter uma centena de coberturas. A primeira redonda servida à rainha Margherita, da Itália, foi enfeitada com as cores da bandeira italiana: queijo (branco), manjericão (verde) e tomate (vermelho).

(Marcelo Duarte. *O guia dos curiosos*. São Paulo: Cia. das Letras, 1993. p. 133.)

9 De acordo com o texto, não há certeza absoluta sobre o país em que a *pizza* "nasceu".

a) Quais são os prováveis lugares em que ela surgiu?

____

b) Em que época se imagina que ela tenha surgido?

____

10 Aos poucos, a *pizza* foi se transformando.

a) Como ela era inicialmente e por quem era consumida?

____

____

____

b) Por quem ela passou a ser apreciada, no século XVI?

____

11 Os verbos do texto foram empregados em dois tempos: no passado e no presente.

a) Passe um traço sob as formas verbais que expressam ações ocorridas no passado.

b) Circule as formas verbais que expressam ações que acontecem no presente.

12 Agora observe o emprego das formas verbais do 1º parágrafo. Note que inicialmente as formas verbais estão no passado, depois mudam para o presente e, em seguida, passam para o passado novamente. O que justifica essas mudanças?

____

____

____

____

____

13 Agora observe as formas verbais do 2º parágrafo.

a) Em que tempo elas estão?

____

b) O que justifica o emprego desse tempo verbal em todo o parágrafo?

____

____

Ryzhkov Photography/Shutterstock

14 Observe as formas verbais do 3º parágrafo. Por que, mais uma vez, elas variam entre o passado e o presente?

____

____

____

15 Releia este trecho do texto:

> "A história da pizza começou há 6 mil anos com os egípcios. Acredita-se que **eles** foram os primeiros a misturar farinha com água. **Outros** afirmam que os pioneiros são os gregos [...]."

a) A quem se refere o pronome pessoal **eles**?

____

b) E o pronome **outros**, a quem se refere?

____

____

CAPÍTULO 2 — TEMPOS VERBAIS — EMPREGO DE -ZINHO E -SINHO

Leia, a seguir, um trecho do diário de Julieta, personagem de Ziraldo. Os sinais de pontuação foram propositalmente eliminados.

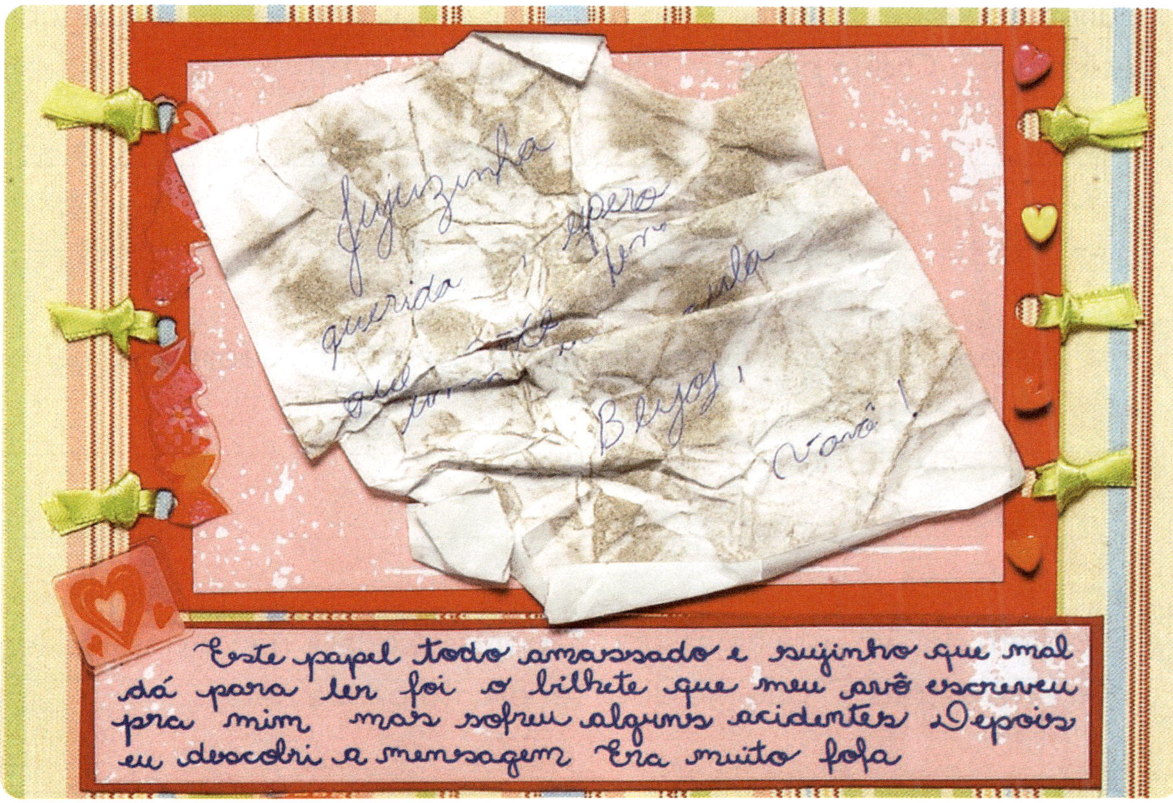

(*Diário da Julieta*. São Paulo: Globo, 2010. p. 37.)

1 Reescreva o texto de Julieta, pontuando-o adequadamente.

____

____

____

____

____

____

2. Por que Julieta guardou o bilhete no diário?

____

____

3. Julieta recebeu um bilhete do avô e diz que o bilhete "sofreu alguns acidentes". O que pode ter acontecido com ele?

____

____

4. Ela gostou do bilhete? Que frase comprova a sua resposta?

____

____

5. O bilhete do avô está amassado e, por isso, quase não é possível ler o que está escrito. O que ele deve ter escrito para a neta?

____

____

____

6. Tanto no bilhete do avô quanto no texto do diário de Julieta, foram empregados dois diminutivos.

a) Quais são eles?

____

b) De que palavras eles se originaram?

____

c) Como se formaram?

____

____

____

7. Os diminutivos geralmente indicam o tamanho pequeno de algo, mas em certas situações também podem expressar afetividade, desprezo, intensidade, etc. Veja:

— Você também vai à festa, filhinha? (afetividade)

— Eu que não queria essa sua vidinha para mim! (desprezo)

— O cachorro tomou banho e ficou limpinho. (intensidade)

O que os diminutivos que você identificou na questão 6 expressam?

____

____

____

____

____

8. Coloque estas palavras do trecho do diário de Julieta no diminutivo:

a) querida: ____________________

b) beijos: ____________________

c) vovô: ____________________

d) papel: ____________________

e) bilhete: ____________________

f) acidentes: ____________________

g) mensagem: ____________________

9 Passe para o diminutivo estas outras palavras:

a) blusa: ______________________

b) casa: ______________________

c) lisa: ______________________

d) mesa: ______________________

e) amorosa: ______________________

10 Observe suas respostas da questão 8 e deduza:

a) Quando a palavra termina em vogal, qual é a terminação que acrescentamos?

____

____

b) Quando a palavra termina em consoante, qual é a terminação que acrescentamos?

____

11 Agora compare suas respostas das questões 8 e 9 e deduza:
Em que circunstâncias a palavra no diminutivo apresenta terminação em **-sinho**?

____

____

12 Leia estas sequências de palavras:

- azul — animal — fogão — cão — boi
- riso — carinhoso — peso — asa — mesa
- tigre — cozinha — casebre — grão
- charmoso — adeus — atlas — dengoso
- ave — chapéu — mão — pé — pote

Photocech/CZ/Shutterstock

a) Em qual ou quais das sequências as palavras formam o diminutivo com o acréscimo de **-inho(a)**?

___

b) Em qual ou quais das sequências as palavras formam o diminutivo com o acréscimo de **-zinho(a)**?

___

13 Releia o texto escrito por Julieta:

> "Este papel todo amassado e sujinho que mal dá para ler foi o bilhete que meu avô escreveu pra mim, mas sofreu alguns acidentes. Depois eu descobri a mensagem. Era muito fofa"

a) Por que a forma verbal **escreveu** está no singular?

___

b) Reescreva a frase, trocando o substantivo **avô** por **avós**, e faça as alterações que forem necessárias. Depois explique as razões das alterações.

___

___

___

14 Em relação ao mesmo trecho destacado na questão anterior, responda:

a) Quais são as formas verbais empregadas nesse trecho? Passe um traço embaixo de cada uma delas.

b) Dessas formas verbais, qual é a única que está no presente?

___

c) Qual dessas formas está no infinitivo (terminada em **-r**)?

____

d) Em que tempo estão as demais formas verbais: no passado ou no futuro?

____

15 Explique:

a) Por que a maioria dos verbos empregados no texto do diário estão no tempo que você identificou no item **d** da questão anterior?

____

____

b) E por que, no trecho "Este papel todo amassado e sujinho que mal dá para ler", a forma verbal **dá** está em um tempo diferente?

____

____

16 Os tempos verbais situam o momento da ação verbal em relação ao presente. Compare:

- "Este papel todo amassado e sujinho que mal **dá** para ler [...]"
- Este papel todo amassado e sujinho que mal **deu/dava** para ler [...]
- Este papel todo amassado e sujinho que mal **dará** para ler [...]

Reescreva as frases, passando os verbos destacados para o futuro:

a) O avô de Julieta **enviou** um bilhete para ela.

____

b) Julieta **escreve** um bilhete-resposta para o avô.

____

Leia este poema de Roseana Murray:

Trem fantasma

A estação é no meu quintal:
deitada no chão,
fabrico um trem de nuvem
que me leve
até os confins da galáxia.

Devagarinho atravessaremos
planetas, luas, cometas
e sairemos do outro lado
do céu.

Em nossa bagagem traremos
um anjo perdido,
um extraterrestre azul,
um frasco de essência
de estrelas.

(*Fábrica de poesia*. São Paulo: Scipione, 2008. p. 27.)

Transia Design/Shutterstock

17 O eu lírico (a pessoa que fala no poema) se prepara para fazer uma viagem. Releia a primeira estrofe e responda:

a) Como e onde acontece essa viagem?

____

____

b) Para onde o eu lírico pretende ir?

____

____

c) Em que tempo estão os verbos dessa estrofe?

____

18. Na segunda estrofe, foi empregado um diminutivo.

a) Qual é ele? ______________________________

b) O que ele expressa? Marque:

( ) tamanho pequeno ( ) afetividade ( ) intensidade

c) Como você empregaria essa palavra se não usasse o diminutivo e quisesse dar o mesmo sentido?

____

19. Observe agora os verbos empregados na segunda e na terceira estrofes do poema.

a) Quais são as formas verbais empregadas? Sublinhe-as.

b) Em que tempo elas estão?

____

c) Se a viagem já tivesse acontecido, como ficariam as formas verbais? Escreva-as, passando-as para o passado.

____

____

20. Por que o poema começa com um tempo verbal na primeira estrofe e, nas estrofes seguintes, muda o tempo verbal?

____

____

____

____

CAPÍTULO 3 — CONCORDÂNCIA VERBAL — PONTUAÇÃO

Leia este anúncio:

(*Mundo Estranho*, julho 2016.)

Releia, a seguir, o texto da parte de baixo do anúncio, ampliado.

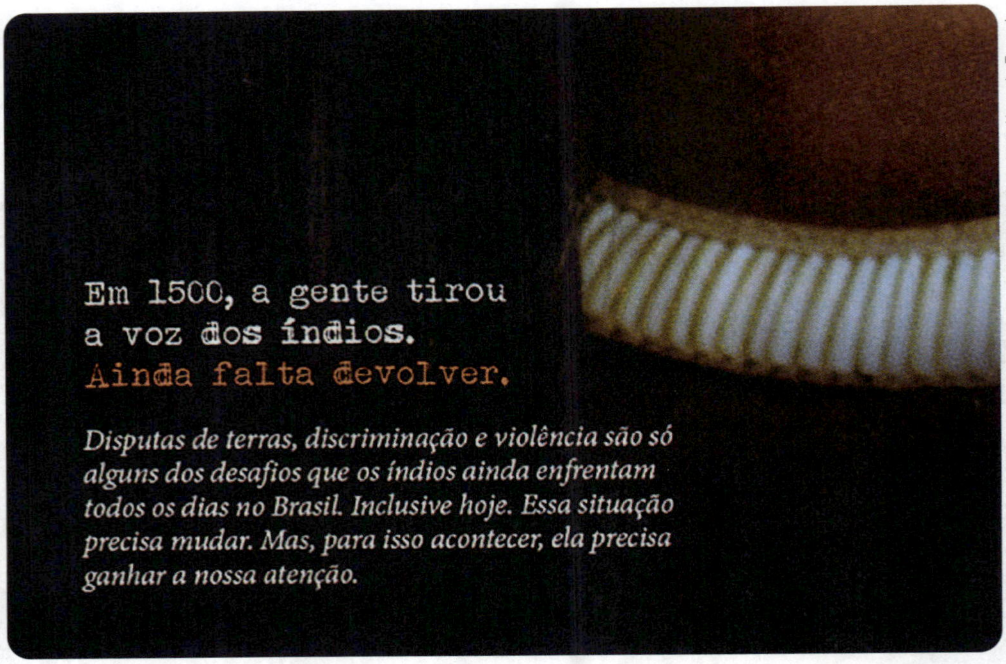

1 A imagem do anúncio mostra uma menina indígena com uma pintura no rosto.

a) Com que se parece a mancha escura sobre a boca e o nariz da menina?

____

b) Que relação existe entre a imagem da indígena e a frase "Em 1500, a gente tirou a voz dos índios"?

____

____

____

c) No anúncio, o que significa os indígenas terem sua voz de volta?

____

____

____

2 No português do Brasil, a forma **a gente** vem sendo empregada pela maioria dos brasileiros em lugar de um pronome pessoal do caso reto.

a) Qual é esse pronome?

____

b) Como ficaria a frase "Em 1500, a gente tirou a voz dos índios" caso, nela, esse pronome fosse empregado no lugar do sujeito **a gente**?

____

____

____

c) A quem a expressão **a gente** se refere, no contexto?

____

____

____

3 Identifique um sujeito composto no anúncio. Depois, responda: O verbo da frase está concordando adequadamente com esse sujeito? Por quê?

____

____

____

____

____

4 No trecho do anúncio:

> "Disputas de terras, discriminação e violência são só alguns dos desafios que os índios ainda enfrentam todos os dias no Brasil. Inclusive hoje."

Justifique o emprego da vírgula depois da palavra **terras** e da conjunção **e** antes de **violência**.

____

____

____

____

____

Leia esta anedota:

Na floresta estavam uma formiguinha no chão e um grilo em cima da árvore. Um elefante que passava por lá não vê a formiga e caminha na direção dela. Imediatamente o grilo grita:

— Elefante, cuidado com a minha amiga formiga, você vai pisar nela!

O elefante para e muda o caminho. Logo em seguida, porém, a formiguinha esbraveja para o grilo:

— Por que você gritou para o elefante? Não estava vendo que eu ia passar uma rasteira nele?

Adilson Arquivo Farias/da editora

(Paulo Tadeu. *O melhor do proibido para maiores*. São Paulo: Matrix, 2014. p. 17.)

5) Responda: Que fato é responsável pela construção do humor da anedota?

____

____

____

6) Releia a primeira frase da anedota:

> "Na floresta estavam uma formiguinha no chão e um grilo em cima da árvore."

a) Explique: Por que a forma verbal **estavam** está no plural?

____

____

____

b) Qual é o núcleo ou quais são os núcleos do sujeito? Logo, o sujeito é simples ou composto?

____

____

____

c) Como ficaria a frase se ela terminasse na palavra **chão**, ou seja, se a afirmação se referisse apenas à formiguinha?

____

____

____

7. No final do primeiro e do terceiro parágrafo, foi empregado o sinal de dois-pontos.

   a) Explique: Por que esse sinal foi empregado?

   ____

   ____

   ____

   b) E por que, no parágrafo seguinte, foi empregado o travessão?

   ____

   ____

   ____

8. Que sentido é construído pelo emprego do ponto de exclamação em "— Elefante, cuidado com a minha amiga formiga, você vai pisar nela!"?

   ____

   ____

   ____

9. Que sentido é construído pelo emprego dos dois pontos de interrogação no último parágrafo do texto?

   ____

   ____

   ____

5 A palavra **chocado** foi formada pela adição da partícula **-ado** após o verbo **chocar**.

a) Qual palavra pode ser formada adicionando essa mesma partícula final em **espantar**?

____

b) Dê mais um exemplo de palavra formada com a mesma partícula final.

____

____

____

6 Observe estas formas verbais utilizadas na tirinha:

foi   acontece

Identifique o tempo verbal de cada uma delas.

____

____

© Armandinho, de Alexandre Beck/Acervo do cartunista

7 Observe o verbo **acontecer** empregado em diferentes tempos verbais na 3ª pessoa do singular:

acontece   aconteceu   acontecerá

Que mudança ocorre com o verbo ao ser empregado em diferentes tempos verbais?

____

Leia este texto:

Estudos apontam que crianças não se exercitavam o suficiente mesmo antes da COVID-19

Pesquisa da Organização para a Cooperação e Desenvolvimento Econômico (OECD) mostra dados preocupantes sobre a inatividade infantil

James R Lowe/Shutterstock

Um estudo da Organização para Cooperação e Desenvolvimento Econômico (OCDE) revela dados preocupantes sobre a inatividade física entre crianças.

Em uma pesquisa realizada nos países da União Europeia, foi constatado que cerca de uma em cada quatro crianças de 11 anos, e apenas um em cada sete jovens de 15 anos, faz uma hora de exercícios moderados ou vigorosos todos os dias. A recomendação oficial da Organização Mundial da Saúde (OMS) é que as crianças façam pelo menos 60 minutos diários de atividades físicas. [...]

Em comunicado, a OCDE diz que os fatores que mais influenciam na prática de atividades por crianças são disponibilidade de espaço e equipamentos, programação escolar e, também, o tempo passado na frente de uma tela. "O uso intenso de celulares e da Internet os faz ficar longe de outras atividades, incluindo a física", conclui a organização. [...]

(Disponível em: https://www.apicebrasil.org.br/estudos-criancas-inatividade. Acesso em: 16/5/2021.)

8 A notícia lida relaciona a prática de atividades físicas por crianças e a pandemia da covid-19.

a) O que os estudos apontaram sobre a quantidade de exercícios físicos praticados pelas crianças antes da pandemia?

____

____

b) Segundo o texto, quais são os principais fatores que influenciam a prática de atividades físicas por crianças?

____

____

____

9 As aspas são usadas uma vez no texto. O que as aspas indicam?

____

____

10 No texto, há o uso da palavra **inatividade**.

a) De qual palavra primitiva ela é formada?

____

b) Qual é o prefixo utilizado? ______________________

c) Qual sentido esse prefixo adiciona à palavra primitiva?

- ( ) conclusão
- ( ) privação
- ( ) anterioridade

Releia o seguinte trecho e responda às questões 11 e 12.

"[...] foi constatado que cerca de uma em cada quatro crianças de 11 anos, e apenas um em cada sete jovens de 15 anos, **faz** uma hora de exercícios moderados ou vigorosos todos os dias. A recomendação oficial da Organização Mundial da Saúde (OMS) é que as crianças **façam** pelo menos 60 minutos diários de atividades físicas."

11 Observe as formas verbais em destaque no trecho.

a) Qual é a forma no infinitivo do verbo de que elas derivam?

____

b) Em que pessoa e tempo está empregada a primeira forma verbal destacada no texto?

____

12 Compare a conjugação dos verbos **acontecer**, que você analisou no estudo da tira de Armandinho, e **fazer**, em diferentes tempos e pessoas:

aconteço	faço
acontece	faz
aconteci	fiz
aconteceu	fez
acontecerá	fará
aconteçam	façam

Ao conjugar o verbo **acontecer**, você observou que apenas as terminações mudam. E ao conjugar o verbo **fazer**, também mudam apenas as terminações?

____

CAPÍTULO 2 — VERBOS IRREGULARES — TERMINAÇÕES EM -SSE E -ECE

Leia a letra de uma canção, de Fernanda Sander:

Pedaço de gente

Miudeza, pedaço de gente
Cheia de história
Olho aberto e boca
Feita de perguntas:

Onde está? O que é?
Por que sim? Por que não?
Tô com fome de macarrão!

Miudeza, pedaço de gente
Já está crescendo
Feita de abraços
E bolo com fermento

Eu corri, eu "fazi"
Eu não "qué", eu não "vai"
Eu não "chora quando cai"!

(CD *Quando eu crescer*, do grupo Éramos Três.)

PeN2light/Shutterstock

1 Quem é o "pedaço de gente" retratado na canção?

____

2 Na última estrofe, algumas palavras estão entre aspas.

a) Por que foram empregadas aspas nessas palavras?

____

____

b) Se quem estivesse falando fosse uma criança que já conhece todas as terminações das formas verbais, como ela falaria?

____

____

3 Observe:

correr → eu corri
beber → eu bebi
fazer → eu "fazi"

Note que os três verbos terminam em **er**.

a) Das formas **corri**, **bebi**, **"fazi"**, qual foge à norma-padrão?

____

b) Na sua opinião, por que a criança diz essa palavra?

____

Leia o texto:

Apesar de assustadores, os monstros fazem muito sucesso quando tocam o terror nas salas de cinema. [...]

Jacaré mutante

O grandalhão Godzilla apareceu pela primeira vez nos cinemas num filme japonês de 1954. Desde então, tocou o terror em cerca de 25 filmes, quadrinhos, games e desenhos animados. Costuma ser retratado como um dinossauro ou um jacaré gigante e verde, com escamas, rabo poderoso e barbatanas nas costas.

[...]

Knot Mirai/Shutterstock

(*Recreio*, n. 739, p. 20 e 22.)

4 Observe as seguintes palavras empregadas no texto:

assustadores	grandalhão	animados	poderoso

a) Qual das palavras é formada da palavra **susto**?

___

b) Além da resposta da questão anterior, as outras palavras do quadro foram formadas de quais palavras?

___

___

5 Observe as palavras destacadas nestes trechos:

"os monstros **fazem** muito sucesso"
Você **sabia** que...

Elas são formas dos verbos irregulares **fazer** e **saber**, respectivamente. Complete as frases seguintes com um desses verbos, conforme a indicação.

a) Eu ___ (fazer) aniversário em junho.

b) Os monstros sempre ___ (fazer) sucesso no cinema.

c) Ontem Letícia ___ (saber) que haverá um novo filme sobre o Godzilla.

d) Se nós ___ (fazer) toda a tarefa de hoje, amanhã poderemos ir ao cinema.

e) Quando vocês ___ (saber) o dia da estreia do filme, por favor, me avisem.

f) Eu ___ (saber) fazer muitas figuras de dobradura.

6 Imagine que o sucesso dos filmes de monstros não tenha acontecido, mas que poderia acontecer. Complete as frases a seguir:

a) Se os filmes de monstros ________________ (fazer) sucesso, eles seriam mais comuns nas telas dos cinemas.

b) Se Godzilla ________________ (ser) muito conhecido, apareceria em vários filmes.

Leia o texto a seguir.

Todas as emoções merecem existir, até a raiva, o medo e a solidão

Novos livros tratam dos sentimentos desconfortáveis que todo mundo tem

9 abr. 2021 às 23h15

Marcella Franco
SÃO PAULO

Evgenia.B/Shutterstock

Pode ser porque uma coisa saiu diferente do planejado, ou porque teve briga ou bronca. Talvez tenha sido por causa daquilo que alguém disse de manhã. Ou vai ver ninguém nem lembra direito o motivo, mas a verdade é que agora, neste exato momento, há uma criança com raiva em casa. Muita raiva.

Tem gente que compara a raiva com uma grande tempestade — como se as duas funcionassem parecido. O céu está azul, e todo mundo brincando feliz. Do nada, aparece uma nuvem. Esta nuvem vai ficando mais cinza, mais escura, mais pesada, até que começa a chover forte.

[...]

Para falar sobre sentimentos como este, o escritor Yuri de Franco chamou o ilustrador Renato Moriconi e, juntos, fizeram "O Menino que Virou Chuva" (editora Caixote, 144 páginas, R$ 48). Eles também acham que a raiva pode se parecer com uma tempestade.

"Quis contar a história de um menino que, de tanto chorar, virou chuva. Ele passa por todas as etapas, depois vem o sol, e ele termina com um momento de acolhimento, em um abraço", adianta Yuri.

Para retratar ainda melhor a ideia de que tudo acontece rápido quando alguém muda de humor, o livro foi desenhado como um flipbook, ou folioscópio, que é quando as imagens parecem ganhar movimento ao ser folheadas.

[...]

(Disponível em: https://www1.folha.uol.com.br/folhinha/2021/04/todas-as-emocoes-merecem-existir-ate-a-raiva-o-medo-e-a-solidao.shtml?origin=uol. Acesso em: 12/7/2021.)

7 Sobre o texto, responda:

a) Qual sentimento é abordado no início do texto?

____

b) Com qual fenômeno esse sentimento é comparado no texto?

____

c) Qual é o objetivo do texto lido: falar sobre esse sentimento ou resumir, avaliar e recomendar um livro?

____

8 Observe estes verbos empregados no texto:

disse	é	tem	quis

a) Em qual tempo verbal eles estão empregados nos trechos: presente, passado ou futuro?

____

____

b) Qual é o infinitivo de cada uma dessas formas verbais, ou seja, quais são as formas com terminações em **-ar**, **-er**, **-ir**?

____

9 Agora, leia e compare as duas colunas de formas verbais empregadas no texto, no infinitivo e na 3ª pessoa do singular do presente:

dizer – diz	merecer – merece
ter – tem	chorar – chora
pedir – pede	acontecer – acontece

a) Observe os verbos da segunda coluna e responda: O que ocorre com esses verbos quando empregados na 3ª pessoa do singular no presente?

____

b) O mesmo ocorre com os verbos da primeira coluna?

____

10 Analise estas formas verbais extraídas do texto:

merecem	funcionassem

a) O som da terminação desses verbos é igual ou diferente?

____

b) A escrita da terminação desses verbos é igual ou diferente?

____

11 Agora, releia os trechos em que essas formas verbais foram empregadas:

- "Todas as emoções merecem existir"
- "[...] como se as duas funcionassem parecido."

a) Em qual delas a forma verbal é empregada com sentido de algo que acontece no presente?

____

b) E em qual delas o sentido é de algo que poderia acontecer, de uma possibilidade?

____

____

12 Observe outras formas verbais que são empregadas no texto:

aparece	acontece	parecem

a) Escreva os verbos no infinitivo, na forma como devem ser procurados no dicionário.

____

____

b) No infinitivo, como todos esses verbos terminam?

____

13 Complete as frases a seguir com os verbos entre parênteses, fazendo as adequações necessárias.

a) Se todo sentimento ______________ (merecer) atenção, nós seríamos mais felizes.

b) Essa situação ______________ (merecer) bastante atenção.

c) Todo dia ______________ (acontecer) alguma mudança de humor em nossa vida.

d) Se ela ______________ (aparecer) de surpresa, eu ficaria muito alegre!

14 Escreva as formas verbais que completam adequadamente os ditados populares a seguir.

a) Se ferradura ________________ (trouxer) sorte, burro não puxava carroça...

b) Quem ama o feio, bonito lhe ________________ (parecer).

c) Se o velho ________________ (poder) e o jovem ________________ (saber), não haveria nada que não se ________________ (fazer).

15 Escreva as formas verbais que completam adequadamente o seguinte trecho de texto:

O rei contratou os dois jovens para que ________________ (produzir) o tal tecido especial. Como não ________________ (querer) esperar até o término do trabalho, enviou o ministro, um homem inteligente, para que ________________ (examinar) o tecido. Ele nada viu, porém não admitiu.

— Majestade, ________________ (parecer) que tudo está correndo bem. O tecido é magnífico! ________________ (merecer) a fama que tem.

(H. C. Andersen. *A sereiazinha e outras histórias bonitas*. Tradução de Virginia Lefèvre. São Paulo: Editora do Brasil.)

Bahau/Shutterstock

CAPÍTULO 3 — PALAVRAS PRIMITIVAS E PALAVRAS DERIVADAS — TERMINAÇÕES EM -ISSE E -ICE

Leia os quadrinhos a seguir com o personagem Gaturro.

(Nik. *Gaturro*. Cotia-SP: Vergara & Riba, 2008. v. 2, p. 35.)

1 Quem Gaturro tem em mente ao pensar em "comentaristas de direção", no último quadrinho?

____

2 Há nos quadrinhos palavras primitivas e palavras derivadas.

> **Primitivas** são palavras que não provêm de outras, e **derivadas** são palavras formadas de outra já existente.

a) A palavra **mulher** é primitiva. Que palavras são derivadas dela?

____

b) A palavra **comentarista** é derivada. De que palavra ela deriva?

____

3 O sufixo **-ista** indica pessoa que é praticante de alguma atividade. Empregando esse sufixo, forme palavras a partir de:

a) esporte ______________ **c)** automóvel ______________

b) arte ______________ **d)** azulejo ______________

Leia esta tira de Armandinho:

(Disponível em: https://tirasarmandinho.tumblr.com/. Acesso em: 28/5/2021.)

4 No primeiro quadrinho, há uma fala sobre a personagem que parece caminhar.

a) Como ela é apresentada? ______________________________

b) Quais características do desenho da personagem reforçam a maneira como ela é apresentada?

____

____

c) A palavra **velhinha**, utilizada no primeiro quadrinho da tira, é derivada. Qual é a palavra primitiva da qual ela foi formada?

____

d) Armandinho refere-se à mulher como **velhinha**. O sentido construído pelo acréscimo da terminação **-inha** à palavra **velha** é o de pequena, baixa? Justifique sua resposta.

____

____

5 Fê e Armandinho conversam sobre uma mulher, que aparece no primeiro e no último quadrinho.

a) Você sabe o sentido de **rentista**? Se não sabe, busque no dicionário e registre o significado.

____

b) Qual expressão usada no primeiro quadrinho leva Fê a concluir que a mulher é rentista? Copie o trecho.

____

c) Qual palavra da tira confere outro sentido para a mesma expressão indicada por você no item **b**? Qual é o significado dessa palavra na tira?

____

6 No último quadrinho, além da parte verbal, escrita, o que nos revela o que a mulher faz para viver?

____

7 A palavra **renda** é primitiva. Na tira, há duas palavras derivadas dela.

a) Quais são as palavras derivadas?

____

b) Quais foram os sufixos utilizados para formar cada uma delas?

____

c) Quais são os dois sentidos da palavra **renda** explorados na tira? Se necessário, consulte o dicionário.

____

8 O sufixo **-eiro** ou **-eira** pode ser utilizado para formar palavras com sentido de ofício, ocupação. Forme novas palavras utilizando esse sufixo a partir das seguintes palavras primitivas:

a) fazenda ______________

b) pão ______________

c) barba ______________

d) cabelo ______________

9 O sufixo **-eiro** ou **-eira** pode ter outro sentido na formação de palavras derivadas. Forme palavras com esse sufixo a partir das seguintes palavras primitivas. Depois, associe-as ao sentido construído pelo sufixo.

a) formiga: ______________

b) galinha: ______________

c) laranja: ______________

d) limão: ______________

e) cinza: ______________

f) tinta: ______________

Lugar onde se guarda ou despeja algo.

Coletivo ou morada.

Árvore ou arbusto.

Leia o texto a seguir e responda às questões 10 a 12.

Cúmulo da chatice

— Você sabe qual é o cúmulo da chatice?
— Não.
— Jura que não sabe?
— Não.
— Humm... Não sabe mesmo?

(Domínio público.)

Colorfuel Studio/Colorfuel Studio/Shutterstock

10 Responda: Afinal, qual é o cúmulo da chatice sugerido pelo texto?

____

11 Sobre a palavra **chatice**, responda: A que classe de palavras ela pertence?

____

12 Veja como o substantivo **chatice** é formado:

chato + ice = chatice

Agora é a sua vez. Forme substantivos terminados em **-ice** a partir destas palavras:

- velho ______________
- dengo ______________
- biruta ______________
- imundo ______________
- burro ______________
- maluco ______________
- caduco ______________
- menino ______________

Leia o texto:

E se não existisse plástico?

Produziríamos tanto lixo quanto e continuaríamos poluindo – mas com outros materiais. A maior vantagem, na prática, é que alguns aparelhos seriam mais bonitos.

A natureza estaria livre de dejetos que demoram até 450 anos para se decompor. Haja lixo.

[...] Um mundo sem ele seria, então, o Éden dos ambientalistas? Nem tanto. Sem as vantagens do plástico, nossos alimentos teriam menos segurança e os aparelhos eletrônicos se pareceriam com as televisões dos nossos avós. Além disso, haveria mais gente vivendo no campo. Seria uma viagem no tempo. "O plástico é relativamente novo. Seu uso em larga escala não tem nem um século", diz a pesquisadora Mara Lúcia Siqueira, do

Laboratório de Embalagem e Acondicionamento do Instituto de Pesquisas Tecnológicas. Em 1950, a produção mundial era de 1,5 milhão de toneladas, uma mixaria se comparada às atuais 265 milhões de toneladas por ano.

Larina Marina/Shutterstock

Sem o plástico, voltaríamos a usar mais vidro, papel e madeira. O que, por outro lado, poderia gerar novos problemas. Se hoje a taxa de devastação da Amazônia brasileira é de 18%, em um mundo sem plástico ela seria maior. Afinal, continuaríamos consumindo e poluindo.

[...]

(Disponível em: https://super.abril.com.br/ideias/e-se-nao-existisse-plastico/. Acesso em: 16/5/2021.)

13 O título do texto é uma pergunta. A pergunta é sobre:

( ) algo que realmente existe ou existiu.

( ) uma suposição, uma ideia imaginada.

14 Ainda sobre o título do texto, responda:

a) Qual é a forma verbal utilizada no título? ____________________

b) Escreva esse verbo no infinitivo, ou seja, em sua terminação em **-r**.

____

c) Complete as seguintes frases com verbos com terminação semelhante à utilizada no título do texto.

- Se você ____________________ (dividir) os valores entre todos, seria mais justo.
- Se a população ____________________ (cumprir) as regras de separação de lixo, haveria mais reciclagem.

15 Compare as seguintes palavras, divididas em duas colunas:

1	2
existisse	meiguice
dividisse	chatice
partisse	maluquice
permitisse	imundice

a) O som da terminação de todas as palavras é igual ou diferente?

____

b) Qual coluna apresenta verbos? ______________________

c) Qual coluna apresenta substantivos? ______________________

d) Conclua: Apesar de terem o mesmo som, os verbos devem ser

escritos com ____________ e os substantivos, com ____________.

16 De acordo com o texto, se o plástico não existisse, o planeta seria um local com menos poluição?

____

____

17 Releia este trecho:

> "A natureza estaria livre de dejetos que demoram até 450 anos para se decompor."

a) Qual é o sentido do verbo **decompor**?

____

b) Esse verbo é derivado do verbo **pôr**. Quais prefixos foram usados para formar o verbo derivado?

____

c) Qual é o sentido do primeiro prefixo, o que inicia o verbo?

____

18 O texto levanta a hipótese de que um mundo sem lixo seria o "Éden dos ambientalistas".

a) Qual é o sentido de **Éden** nessa expressão? Caso não saiba, procure no dicionário.

____

b) O que são ambientalistas? Assinale:

- ◯ Pessoas que trabalham pela preservação do meio ambiente.
- ◯ Pessoas que trabalham em ambientes preservados, como florestas e mares.

19 A palavra **ambientalista** foi formada pela adição do sufixo **-ista**.

a) Ela é derivada de qual palavra primitiva?

____

b) Forme outras palavras com o mesmo sufixo a partir das seguintes palavras primitivas:

- economia: ____________
- jornal: ____________
- dente: ____________
- anestesia: ____________
- ciência: ____________
- rádio: ____________

20 Preencha a cruzadinha a seguir.

buchandbee/Shutterstock

Verticais

1. macio e agradável ao tato, como seda

2. quem cuida de jardins

Horizontais

3. idade avançada, que se segue à idade madura

4. que tem fama

5. especialista em nutrição

6. indivíduo que se graduou em engenharia

7. que tem ou provoca calor; que demonstra entusiasmo, ânimo

UNIDADE 3

CAPÍTULO 1 — EMPREGO DE ADJETIVOS — DIFERENÇAS ENTRE FATO E OPINIÃO

Leia esta tira, de Alexandre Beck:

(*Armandinho cinco*. Florianópolis: A. C. Beck, 2015. p. 37.)

1. Além de Armandinho, há dois adultos na tira. Quem são eles?

____

2. O pai de Armandinho, no 1º e no 2º quadrinhos, parece estar falando de quem?

____

____

3. Qual é a surpresa revelada no 3º quadrinho?

____

____

4. Na sua opinião, por que a mãe de Armandinho mentiu?

____

____

5 Geralmente as crianças são criticadas por criar perfis falsos nas redes sociais. Que crítica a tira faz aos adultos?

© Armandinho, de Alexandre Beck/ Acervo do cartunista

6 Observe estas expressões usadas pelo pai de Armandinho:

idade falsa
coisa feia

a) Circule os adjetivos empregados em cada uma delas.

b) Qual dos adjetivos circulados por você no item **a** indica uma opinião do pai de Armandinho? Justifique sua resposta.

c) Esse adjetivo informa uma opinião positiva ou negativa?

d) Na outra expressão, é possível considerar que o adjetivo:

- ◯ indica uma opinião pessoal da mãe de Armandinho.
- ◯ detalha uma informação de um fato ocorrido na história.

7 No último quadrinho, a mãe de Armandinho expõe uma opinião das amigas dela.

a) Qual adjetivo representa essa opinião?

____

b) Esse adjetivo informa uma opinião positiva ou negativa, no contexto da tira? Explique sua resposta.

____

____

Leia com atenção os dois textos a seguir e responda às questões 8 a 10.

TEXTO 1

Brasil tem 24,3 milhões de crianças e adolescentes que usam internet

Prostock-studio/Shutterstock

Cerca de 24,3 milhões de crianças e adolescentes, com idade entre 9 e 17 anos, são usuários de internet no Brasil, o que corresponde a cerca de 86% do total de pessoas dessa faixa etária no país. A informação consta na pesquisa TIC Kids Online Brasil 2018, divulgada hoje (17) pelo Comitê Gestor da Internet no Brasil (CGI.br) [...]. Segundo a pesquisa, oito em cada dez crianças e adolescentes do país assistem a vídeos, programas, filmes ou séries na internet. O estudo revelou que o uso da internet para atividades multimídia por crianças e adolescentes (83% do total dos entrevistados) é maior que a utilização da internet para o envio de mensagens instantâneas (77%), que o hábito de jogar sem conexão com outros jogadores (60%) ou conectados com outros jogadores (55%) e pouco maior que o uso da internet para escutar música (82%).

[...]

(Disponível em: https://agenciabrasil.ebc.com.br/geral/noticia/2019-09/brasil-tem-243-milhoes-de-criancas-e-adolescentes-utilizando-internet. Acesso em: 17/5/2021.)

TEXTO 2

[...]

Os pais pesquisados por vocês mostram alguma preocupação com o uso que os filhos fazem da internet?

Os jovens entrevistados na TIC Kids Online citam trabalhos escolares como resposta principal ao serem perguntados sobre o que fazem na internet. Isso é bom, porque significa que eles passam a ter acesso também a inúmeras oportunidades. Por outro lado, percebemos que poucos pais acompanham, de fato, o uso da internet por seus filhos. Sem a mediação dos adultos, esses jovens estão expostos a riscos, a excesso de uso, a conteúdo inadequado para a idade e à interação com desconhecidos. [...]

(Disponível em: https://nos.blogosfera.uol.com.br/2019/03/17/especialista-fala-de-limites-na-internet-para-criancas-e-jovens/. Acesso em: 17/5/2021.)

8 Os dois textos lidos têm formatos e funções diferentes. Deduza:

a) Qual deles corresponde ao trecho de uma entrevista?

____

b) E qual deles corresponde ao trecho de uma notícia?

____

9 Releia este trecho do texto 2:

> "Os jovens entrevistados na TIC Kids Online citam trabalhos **escolares** como resposta **principal** ao serem perguntados sobre o que fazem na internet. Isso é **bom**, porque significa que eles passam a ter acesso também a **inúmeras** oportunidades."

a) Identifique, entre os adjetivos em destaque no texto, qual indica:

- o grande número de oportunidades.

____

- a importância da resposta dos estudantes citada no texto.

____

- uma avaliação positiva do autor do texto sobre o que os jovens fazem na internet.

____

- o tipo de trabalho feito pelos estudantes.

____

b) Conclua: Entre esses adjetivos, qual evidencia uma opinião?

____

10 Agora releia estas expressões extraídas dos dois textos:

> pessoas dessa faixa etária
>
> envio de mensagens instantâneas

a) Circule os adjetivos empregados em cada uma.

b) Qual palavra da expressão é acompanhada ou modificada pelos adjetivos circulados por você?

____

c) Os adjetivos indicados por você:

( ) evidenciam opiniões nos textos, qualificando positiva ou negativamente os termos aos quais se referem.

( ) não evidenciam opiniões nos textos, pois detalham ou particularizam os termos aos quais se referem.

CAPÍTULO 2 — VARIAÇÃO LINGUÍSTICA: LINGUAGEM FORMAL E INFORMAL, GÍRIA — ACENTUAÇÃO DAS PALAVRAS PROPAROXÍTONAS

Leia este texto, de Cláudio Thebas:

Escadas

Jean Galvão/Acervo do cartunista

Antes de morar aqui neste prédio com minha mãe e minha irmã, eu morava numa casa bem grande, com quintal e tudo. Nessa época, a gente morava todo mundo junto. Era bem legal. Tinha cada festa que só vendo. Natal, então, era demais. Juntavam uns primos que eu vejo sempre e outros que agora eu só vejo de vez em quando, lá na casa do meu pai. Na casa não, no apartamento, que agora ele mora em apartamento também.

Coisa mais chata essa de morar em prédio. Eu preferia *aquela* casa do que *estes dois* apartamentos. Lá não tinha síndica pra implicar comigo, eu podia ficar no quintal até tarde e até acampar com umas cabanas de cobertor que meu pai ajudava a gente a fazer. Era uma delícia. Uma vez a gente resolveu passar a noite toda na cabana. Foi o maior legal. O Pedro trouxe duas lanternas e uns sanduíches que a mãe dele fez e que, aliás, tavam ruins pacas. Sei lá o que ela pôs lá dentro. O Pedro gostou, mas isso não quer dizer nada. O cara é assim, ó, de tanto comer. Nunca vi. Na escola eu cumprimentava a turma assim: "Bom dia, Maurício. Bom dia, Bruno. Bom apetite, Pedro!" A turma ria pra caramba e ele ficava fulo da vida!

[...]

(*Guia prático para fazer as coisas*. Belo Horizonte: Formato, 2001. p. 17.)

1. O narrador conta como tem sido sua vida morando em prédio.

   a) O que você acha que aconteceu entre o pai e a mãe do narrador?

____

b) O narrador diz: "Eu preferia *aquela* casa do que *estes dois* apartamentos". Por que ele se refere a **dois** apartamentos?

____

2 O autor desse texto é Cláudio Thebas, um escritor adulto. É possível perceber, no entanto, que a linguagem foi empregada de determinada forma para ajudar a construir um perfil específico de narrador.

a) Que idade você acha que o narrador tem?

____

b) Marque quais trechos, entre os apresentados a seguir, contêm uma linguagem que dá indícios da idade apontada por você no item **a**.

( ) "Era uma delícia"

( ) "tavam ruins pacas"

( ) "Foi o maior legal"

( ) "isso não quer dizer nada"

( ) "Tinha cada festa que só vendo"

3 Além de contribuir para a construção do perfil do narrador, a linguagem empregada no texto indica o grau de familiaridade entre os interlocutores. Marque, entre os trechos a seguir, aqueles nos quais o narrador se dirige a seu interlocutor com mais intimidade, de maneira menos formal.

( ) "Coisa mais chata essa"

( ) "O cara é assim, ó, de tanto comer"

( ) "Bom dia, Maurício"

( ) "A turma ria pra caramba"

4 Observe as palavras a seguir, empregadas no texto.

época	aquela	síndica	implicar

a) Como elas se classificam quanto ao número de sílabas?

____

b) Quanto à posição da sílaba tônica, como cada uma delas se classifica?

____

c) Explique por que duas dessas palavras recebem acento.

____

Leia a letra de uma canção:

Adalbert Dragon/Shutterstock

Onça-pintada

Eu sou a onça-pintada
Eu pulo, pulo de graça
Meus dentes são afiados
Bigodes arrepiados
De dia eu durmo nas árvores
E à noite eu caço muitos bichos por aí
Adoro jacaré, capivara, peixe
Vivo na Floresta Amazônica
Cerrado, Mata Atlântica
Pesco lá no Pantanal
Sou um bicho legal.

(Fernanda Sander. *CD Pé de poesia — Para dar flor.*)

5 Na letra da canção "Onça-pintada":

a) Quem fala? ____

b) De que ou de quem fala? ____

6 De acordo com a letra da canção:

a) A onça-pintada é predadora de quais animais?

____

b) Em que horário ela prefere caçar? ______________________

c) Ela é nativa de quais regiões do Brasil?

____

7 No verso "Eu pulo, pulo de graça", o que a repetição do verbo **pular** e a expressão **de graça** sugerem?

____

8 Observe estas palavras da letra da canção:

Teguh Mujiono/Shutterstock

pintada	afiados
árvores	jacaré
capivara	Amazônica
Atlântica	Pantanal

Quais palavras são:

a) oxítonas? ______________________

b) paroxítonas? ______________________

c) proparoxítonas? ______________________

9 Entre as palavras proparoxítonas:

a) Quais receberam o acento gráfico? ______________________

b) Explique por que as palavras indicadas por você no item **a** são acentuadas, com base na regra de acentuação das proparoxítonas.

____

Leia este poema, de Leo Cunha, e responda às questões 10 a 13.

PALAVRÃO

Você tem que ser mágico,
você tem que ter ímpeto,
para ler, ler rápido,
para ler, ler lépido:

paralelepípedo!

(*Poemas avoados*. São Paulo: Saraiva, 2004. p. 11.)

Jean Galvão/Arquivo da editora

10 Com o apoio do dicionário, dê sinônimos para as palavras:

a) ímpeto

____

b) lépido

____

11 O poema ensina o leitor a ler uma palavra.

a) Qual é essa palavra?

____

b) De acordo com o poema, como a pessoa precisa ser para conseguir ler essa palavra?

____

____

c) Como a leitura deve ser feita?

____

____

12 O título do poema é "PALAVRÃO".

a) À primeira vista, parece que o poema vai tratar de quê?

____

____

b) Na verdade, a que se refere a palavra **palavrão**?

____

____

c) Por que a palavra **palavrão** está escrita com letras maiúsculas?

____

____

13 Considerando a relação entre sílaba tônica e a acentuação das palavras:

a) Identifique no texto cinco palavras proparoxítonas.

____

____

b) Responda: Essas palavras estão acentuadas corretamente? Justifique sua resposta.

____

____

____

CAPÍTULO 3 — O ADVÉRBIO — EMPREGO DE POR QUE, POR QUÊ E PORQUE

Leia este texto, de Raquel Coelho:

Ilustra Cartoon/Arquivo da editora

E **no Brasil**?

O teatro veio **para o Brasil** trazido pelos portugueses, **logo após o Descobrimento**. Entre os primeiros portugueses que chegaram **ao Brasil naquela época**, estavam os jesuítas, padres que vieram para **cá** com o objetivo de catequizar os índios. Um deles foi o padre Anchieta, que escreveu muitas peças teatrais, **sempre** com temas religiosos. Algumas peças foram escritas em três línguas: espanhol, português e tupi.

(*Teatro*. Belo Horizonte: Formato, 1999. p. 34.)

1 O texto informa que o padre Anchieta escrevia peças em três línguas. Tendo em vista os temas das peças teatrais, responda: Com que finalidade os jesuítas produziam essas peças também na língua indígena?

____

2 O texto procura dar informações precisas aos leitores. Por isso, explica com detalhes quando e onde os fatos aconteceram. Entre as palavras e as expressões destacadas no texto, quais delas indicam:

a) o **lugar** onde ocorreram os fatos?

____

____

b) o **tempo** em que ocorreram os fatos?

___

___

Leia a notícia a seguir e responda às questões 3 a 6.

Panda mais velha do mundo morre em cativeiro

Jia Jia tinha 38 anos — um recorde mundial para a espécie :(

Tyrone Siu/Reuters/Latinstock

A gente pede desculpas por trazer essa notícia em pleno início de semana, mas não tem como ser menos direto: aos 38 anos, a panda mais velha do mundo morreu no domingo (16), no Ocean Park, em Hong Kong.

Jia Jia (que significa algo como "boa" em chinês) nasceu livre, em 1978, na província de Sichuan. Ela foi dada de presente pela China para Hong Kong, em 1999, para celebrar a independência da ilha em relação ao Reino Unido. 17 anos depois, Jia Jia estava bem velhinha, com problemas de visão e de audição, artrite e pressão alta. Mesmo assim, até o ano passado, estava firme e forte — e até ganhou bolo de aniversário [...].

[...]

(Disponível em: http://super.abril.com.br/ciencia/panda-mais-velha-do-mundo-morre-em-cativeiro/. Acesso em: 17/5/2021.)

3 Qual é a informação principal veiculada pela notícia?

______

4 Sobre a panda Jia Jia, responda:

a) Que expressão adverbial informa quando ela morreu?

______

b) Que expressões adverbiais informam o lugar em que ela morreu?

______

5 A notícia dá também outras informações sobre Jia Jia. Que advérbio ou expressão adverbial informa, por exemplo:

a) quando ela nasceu?

______

b) onde ela nasceu?

______

c) quando ela foi dada de presente pela China a Hong Kong?

______

6 Imagine como ficaria esse texto sem os advérbios e as expressões adverbiais. Conclua: Que papel os advérbios e as locuções adverbiais desempenham nessa notícia?

______

______

______

______

A personagem Suriá é uma menina que vive em um circo e é filha de artistas circenses. Leia a tira a seguir, com a personagem.

(Laerte. *Suriá contra o dono do circo*. São Paulo: Jacarandá, 2003. p. 39.)

7 Considerando o contexto, o uniforme que Suriá usa e a bandeira que ela tem na mão, responda:

a) Quais times irão jogar?

____

b) O que a escrita **BRA! SIL!**, no 1º quadrinho, sugere?

____

c) Por que, no último quadrinho, Suriá está indo para o Japão?

____

8 Observe o emprego de **por que** e **porque**, no 3º quadrinho.

a) Com que finalidade foi empregado **por que** no início da fala de Suriá: para fazer uma pergunta ou para dar uma explicação sobre um fato?

____

b) Como essa palavra está escrita?

____

c) Com que finalidade foi empregada a palavra **porque** no início da fala da mãe: para fazer uma pergunta ou para dar uma explicação sobre um fato?

____

____

d) Como essa palavra está escrita?

____

e) Suriá poderia ter se expressado assim: "De madrugada, por quê?!". Em casos como esse, no final de uma frase interrogativa, como essa palavra é escrita?

____

9 Conclua, relacionando corretamente as colunas a seguir:

porque	Forma usada no início de frases interrogativas.
por que	Forma usada no final de frases interrogativas.
por quê	Forma usada em frases que contêm uma explicação.

10 Leia as piadinhas a seguir, completando-as com **por que**, **por quê** ou **porque**.

a) Dois senhores mergulham em um rio e nadam com a cabeça embaixo da água. Ao saírem, ______________ só um está com o cabelo molhado? ______________ o outro é careca.

b) — Papai, quando eu crescer, quero ser pequeno.

— Verdade? E ______________?

— ______________ a mamãe me disse que, quando eu crescer, vou ter que trabalhar.

c) Uma garotinha diz à professora:

— Estou muito feliz por não ter nascido na França...

— Ah, é? ______________?

— ______________ eu não sei falar francês.

d) Um caracol vai até a casa de um amigo e pergunta:

— Você tem uma hora para conversar comigo?

O outro responde vagarosamente:

— Claro que sim! ______________?

O primeiro responde, ainda mais lentamente:

— ______________ eu queria falar uns dez minutinhos com você.

Leia a tira e responda às questões 11 a 15.

(Alexandre Beck. *Armandinho dois*. Florianópolis: A. C. Beck, 2014. p. 52.)

11 No 1º quadrinho, qual das formas completa adequadamente a primeira fala da personagem: **porque**, **por que** ou **por quê**? E qual das formas completa a segunda fala? Justifique suas respostas.

____

____

____

12 Se a mãe de Armandinho tivesse dito "Eu levei uma multa ☐?", qual forma completaria a frase adequadamente, na escrita: **porque**, **por que** ou **por quê**?

____

13 Você sabe qual é a função de um radar?

a) Marque, entre as opções a seguir, a função de um radar. Se necessário, pergunte a um adulto ou faça uma breve pesquisa.

◯ Medir a velocidade dos carros que andam pelas estradas e castigar os motoristas, multando quem não sabe onde os radares estão localizados, na tentativa de diminuir o número de carros no trânsito.

◯ Medir a velocidade dos carros e induzir os motoristas a não ultrapassar a velocidade máxima permitida, multando quem ultrapassa esse limite, na tentativa de deixar o trânsito mais seguro.

b) Considerando a fala da mãe de Armandinho no 1º quadrinho, deduza: Ela estava respeitando a velocidade máxima permitida quando levou a multa? Justifique sua resposta.

____

____

c) Conclua: Se a mãe de Armandinho soubesse onde o radar estava, esse aparelho cumpriria a sua função? Justifique sua resposta.

© Armandinho, de Alexandre Beck/ Acervo do cartunista

____

____

____

____

14 No 2º e no 3º quadrinho, Armandinho explica por que estava "pensando mal" da mãe.

a) O que ele pensou? Por que isso seria "pensar mal"?

____

____

____

____

b) Conclua: Armandinho estava certo sobre o motivo que levou sua mãe a ser multada?

____

15 Como conclusão do estudo, marque a alternativa correta sobre a construção de humor da tira.

◯ O humor é construído com base na ignorância dos personagens, que não sabem qual é a função de um radar.

◯ O humor é construído com base na oposição entre as visões diferentes dos dois personagens sobre qual foi o motivo da multa.

UNIDADE 4

CAPÍTULO 1 — O TEXTO E SUAS CONEXÕES INTERNAS

Leia esta notícia:

Superlotação, crianças em cercados de plástico e tapetes de brinquedo: a situação dos abrigos para menores imigrantes nos EUA

[...]

Dario Lopez-Mills/Reuters/Fotoarena

Crianças foram encontradas dormindo em colchonetes no chão, em cima de tapetes de brinquedo, em um centro de detenção para imigrantes em Donna, no Texas (Estados Unidos). O flagrante foi feito por jornalistas que visitaram o local nesta terça-feira (30), na primeira visita autorizada à imprensa.

De acordo com reportagem da agência Associated Press, a estrutura montada em uma tenda abrigava mais de 4 mil pessoas — a capacidade máxima prevista, entretanto, era de apenas 250 imigrantes. Desse número, a maioria era de menores de idade, que passavam por uma triagem após serem pegos na fronteira até serem recolocados com seus familiares.

As crianças foram vistas divididas em grupos isolados por faixas de plástico. A agência AP verificou que, em um desses cercados, havia mais de 500 jovens. Os mais novos, incluindo bebês, ficavam em espaços que deveriam servir como playground. Segundo a CNN americana, havia fraldas e mamadeiras espalhadas por todo lado.

Segundo Oscar Escamilla, responsável pela Patrulha da Fronteira na região do Vale do Rio de Grande, entre 250 e 300 crianças entram todos os dias na instalação. Ele advertiu, porém, que um número bem menor do que esse deixa o local por dia.

[...]

(Disponível em: https://g1.globo.com/mundo/noticia/2021/03/30/criancas-imigrantes-dormem-em-tapete-de-brinquedo-em-centros-superlotados-nos-eua-mostra-reportagem.ghtml. Acesso em: 23/5/2021.)

1 O texto é uma notícia.

a) Qual é o tema do texto?

____

____

____

b) Que relação existe entre o título do texto e o tema?

____

____

c) Por que o título chama a atenção para estes aspectos do texto: "cercados de plástico e tapetes de brinquedo"?

____

____

____

2 Releia este trecho:

> "De acordo com reportagem da agência Associated Press, a estrutura montada em uma tenda abrigava mais de 4 mil pessoas — a capacidade máxima prevista, **entretanto**, era de apenas 250 imigrantes."

Agora, responda:

a) A palavra **entretanto** estabelece no contexto uma relação de:

◯ concordância entre a capacidade máxima e o número de pessoas abrigadas.

◯ oposição entre a capacidade máxima e o número de pessoas abrigadas.

b) O que se pode deduzir das condições dos imigrantes nesse centro?

___

___

___

3 Observe o modo como o 1º parágrafo do texto foi construído. Depois, compare o parágrafo original com esta redação adaptada:

> Nesta terça-feira (30), jornalistas visitaram o centro de detenção para imigrantes, em Donna, no Texas (Estados Unidos), e flagraram crianças dormindo em colchonetes no chão, em cima de tapetes de brinquedo.

Dario Lopez-Mills/Reuters/Fotoarena

a) Na redação original, o que é mais destacado: as crianças estarem dormindo em colchonetes no chão ou a visita dos jornalistas?

____

____

b) Na redação adaptada, o fato que você destacou no item **a** tem maior ou menor destaque?

____

c) Compare os dois trechos entre si e as suas respostas aos itens **a** e **b**. A qual aspecto da construção desses textos você atribui as diferenças de sentido entre a redação original e a redação adaptada?

____

____

____

4. Na frase "O flagrante foi feito por jornalistas que visitaram o local nesta terça-feira", do 1º parágrafo, a palavra **local** evita a repetição de um termo já expresso. Qual é ele?

____

____

5. Para tornar o texto coeso — isto é, com suas partes bem conectadas entre si —, o autor pode usar várias técnicas, como a retomada e a substituição. No 2º parágrafo, que palavras retomam e substituem o substantivo **pessoas**?

____

____

CAPÍTULO 2 — PREPOSIÇÕES E CONJUNÇÕES — EMPREGO DE MAS E MAIS

Leia a tirinha a seguir, com o personagem Garfield, e responda às questões 1 a 3.

(Jim Davis. *Garfield numa boa*. Porto Alegre: L&PM, 2010. p. 104.)

1 Garfield está assistindo à TV. A quem se dirige a voz que sai da TV?

____

2 Observe a expressão corporal e facial de Garfield nos três quadrinhos.

a) O que ela sugere no 1º e 2º quadrinhos?

____

____

b) E no último quadrinho?

____

____

c) O pensamento "É isso aí!", de Garfield, evidencia qual característica do gato?

____

3 Releia este trecho da tira:

"... para quem gosta de trocar de canal, **mas**...
... é preguiçoso demais **para** apertar os botões!"

a) A conjunção **mas** tem o sentido de:

( ) adição ( ) oposição ( ) causa ( ) tempo

b) A palavra **para** introduz a ideia de:

( ) tempo ( ) oposição ( ) finalidade ( ) causa

4 Um leitor de uma revista de divulgação científica enviou uma pergunta à revista sobre baratas. Leia a pergunta e a resposta da revista. Ao ler, você vai notar que as preposições e conjunções foram eliminadas propositalmente do texto. Escolha, no quadro a seguir, as palavras e expressões que completam o texto adequadamente e escreva-as nas lacunas.

NA	E	PORÉM	EM	A
PARA	PELA	DA	COMO	JÁ QUE
POIS	PELO	DE	QUANDO	

Encontrei uma barata ______ cozinha. ____________ ela olhou ____________ mim, questionei meu asco:

As baratas servem ____________ algo ______ bom?

T. R., Itapipoca, CE

Ofereceu a ela um pedaço de pudim? ____________ deveria.

Apesar da imagem degradante imposta às baratas ____________ humanidade, essa ingrata, elas são essenciais ____________ a nutrição dos terráqueos — nem me refiro ____ dietas asiáticas — e ____________ a preservação do ambiente. É que as cucarachas são decompositoras ______ escala global, ____________ estão espalhadas ____________ mundo. Elas nutrem o solo traçando excrementos ____ restos de plantas e de animais. ____________, não fazem o trabalho sozinhas: elas dão carona, dentro e fora ______ seus corpos, para bactérias que quebram a matéria orgânica ______ minerais, como nitrogênio, fósforo e potássio, nutrientes fundamentais ____________ os vegetais — processo conhecido ____________ mineralização. Além disso, algumas espécies desempenham papel importante na polinização ______ plantas. Ou seja, as baratas, essas injustiçadas, são das mais relevantes jardineiras da face ______ Terra.

Nikulina Tatiana/Shutterstock

(*Superinteressante*, n. 373, p. 64.)

5 Com base no texto lido sobre as baratas, responda:

a) Por que as baratas são injustiçadas?

____

____

b) Qual é a imagem que os seres humanos geralmente têm das baratas?

____

____

c) A atividade de decompositoras em escala global realizada pelas "jardineiras da face da Terra" resulta em quais benefícios para a humanidade?

____

____

____

d) Identifique no texto um trecho irônico, no qual o autor brinca com o leitor e com a ideia de que a barata deveria ser bem tratada.

____

____

6 Entre as palavras que completam o texto, identifique uma conjunção que introduz:

a) a ideia de **causa**

____

b) a ideia de **adição**

____

____

____

c) a ideia de **oposição**

____

____

7) A palavra **mas** é uma conjunção que expressa a ideia de oposição. Já a palavra **mais** é um advérbio que expressa a ideia de intensidade. Observe estes trechos do texto:

- "Elas nutrem o solo traçando excrementos e restos de plantas e de animais. **Porém**, não fazem o trabalho sozinhas"
- "[...] as baratas, essas injustiçadas, são das **mais** relevantes jardineiras da face da Terra."

a) Que palavra pode substituir **porém** sem alterar o sentido do texto: **mas** ou **mais**?

____

b) Qual é o sentido expresso pela palavra **mais** no segundo trecho? Marque:

( ) oposição ( ) intensidade

8) Leia este texto:

Existem idiomas diferentes entre os animais?

MIAU, MEOW, MIAO, MIAOU... parece diferente, ________ é tudo igual — ao menos no caso dos gatos, que, ________ onde se sabe, se entendem em qualquer lugar por ter uma linguagem bem mais simples do ________ a humana. E com a maioria das espécies é assim. Pesquisas, ____________, já revelaram sotaques regionais ________ alguns bichos. É o caso

Esin Deniz/Shutterstock

______ pássaros urbanos que cantam mais alto e agudo do que seus parentes silvestres ________ superar o barulho da cidade grande. Os corvos, mais especificamente, chegam ______ ter linguajar particular para se comunicar sigilosamente ________ a família. [...]

(*Superinteressante*, n. 359.)

Que palavras (preposições e conjunções) completam adequadamente o texto, possibilitando que ele tenha sentido lógico?

No poema abaixo, foram eliminadas as palavras **mas** e **mais** de alguns versos. Leia-o.

Mais respeito, eu sou criança!

Prestem atenção no que eu digo,
pois eu não falo por mal:
os adultos que me perdoem,
❑ ser criança é legal!

Vocês já esqueceram, eu sei.
Por isso eu vou lhes lembrar:
pra que ver por cima do muro,
se é mais gostoso escalar?
Pra que perder tempo
engordando,
se é ❑ gostoso brincar?
Pra que fazer cara tão séria,
se é ❑ gostoso sonhar?

[...]

(Pedro Bandeira. *Mais respeito, eu sou criança*. São Paulo: Moderna, 2008. p. 11.)

iris828/Shutterstock

9 Quem é o eu lírico do poema, ou seja, quem fala? Com quem o eu lírico fala?

____

____

10 O eu lírico tem qual opinião sobre a infância?

____

____

____

11 Qual palavra completa adequadamente cada um dos versos a seguir: **mas** ou **mais**?

a) "________ ser criança é legal!"

b) "se é ________ gostoso brincar?"

c) "se é ________ gostoso sonhar?"

d) "________ respeito, eu sou criança!"

anek.soowannaphoom/Shutterstock

CAPÍTULO 3 — COESÃO TEXTUAL — EMPREGO DE SC, SÇ E XC

Leia o texto a seguir.

Qual é a diferença entre obesidade e excesso de peso?

Pixel-Shot/Shutterstock

Ao contrário do que a maioria das pessoas pensam, obesidade e excesso de peso não são a mesma coisa. Apesar de as duas condições implicarem o excesso de peso em uma pessoa, o real significado de ambas é diferente.

Sobrepeso é o termo usado quando se fala em excesso de peso. Já obesidade diz respeito ao excesso de gordura.

Quando uma pessoa está com sobrepeso, isso indica que ela está mais pesada do que o normal e saudável, considerando o seu tamanho, seu sexo e a sua idade. Já uma pessoa obesa, esta tem excesso de gordura no corpo.

Ainda que uma pessoa que tenha sobrepeso esteja com peso em excesso, ela pode ter acúmulo de gordura ou não em excesso.

(Disponível em: https://saude.culturamix.com/noticias/qual-e-a-diferenca-entre-obesidade-e-excesso-de-peso. Acesso em: 19/5/2021.)

1. Um texto, para ser coeso, deve apresentar conexões internas que garantam o seu sentido e sua lógica. A frase inicial do texto — "Ao contrário do que a maioria das pessoas pensam, obesidade e excesso de peso não são a mesma coisa" — apresenta uma oposição de ideias.

   a) Qual é a expressão que marca essa oposição?

   ____

b) Que ideias são contrapostas nessa frase?

___

___

___

2 Observe este trecho do texto:

> "Apesar de as duas condições implicarem o excesso de peso em uma pessoa, o real significado de ambas é diferente."

a) O termo **duas condições** se refere a palavras e expressões mencionadas anteriormente. Quais são elas?

___

___

b) E a que se refere a palavra **ambas**?

___

___

c) A expressão **Apesar de** também expressa oposição. Que ideias são contrapostas nesse trecho?

___

___

___

___

___

3. Releia este trecho:

> "Sobrepeso é o termo usado quando se fala em excesso de peso. Já obesidade diz respeito ao excesso de gordura."

Nesse trecho é estabelecida uma comparação entre sobrepeso e obesidade. Qual é a palavra que introduz a comparação entre esses dois conceitos?

---

4. Releia este trecho:

> "Quando uma pessoa está com sobrepeso, isso indica que ela está mais pesada do que o normal e saudável, considerando o seu tamanho, seu sexo e a sua idade."

a) Uma conjunção empregada nesse trecho introduz uma noção temporal. Qual é ela?

---

b) O pronome **isso** se refere a algo que já foi dito. A que ele se refere?

---

c) Qual pronome pessoal do caso reto foi utilizado em substituição à palavra **pessoa**, no trecho?

---

d) No final desse trecho, foram empregados três pronomes possessivos: **seu**, **seu**, **sua**. A que palavra anterior esses pronomes se referem?

---

5 No trecho:

"Ainda que uma pessoa que tenha sobrepeso esteja com peso em excesso, ela pode ter acúmulo de gordura ou não em excesso."

A expressão **ainda que** também estabelece conexões com as ideias expressas nos parágrafos anteriores. O valor dessa expressão é equivalente a:

- ◯ mesmo que.
- ◯ apesar de.
- ◯ pois.
- ◯ embora.

6 Uma palavra pode pertencer a uma família de palavras com a mesma origem. Veja o exemplo:

amor
amar
amável
amante

As palavras da mesma família costumam apresentar a mesma grafia.

a) Descubra, no grupo de palavras a seguir, quais são da mesma família da palavra **excesso**, empregada no texto lido, e circule-as.

excelente	excessivo	exceção
excitante	exclamar	exceder

b) Compare a palavra **excesso** às palavras que você circulou no item **a** e responda: O que elas têm em comum em relação à grafia?

____

____

O infográfico abaixo se refere à obesidade e ao excesso de peso no mundo. Leia-o.

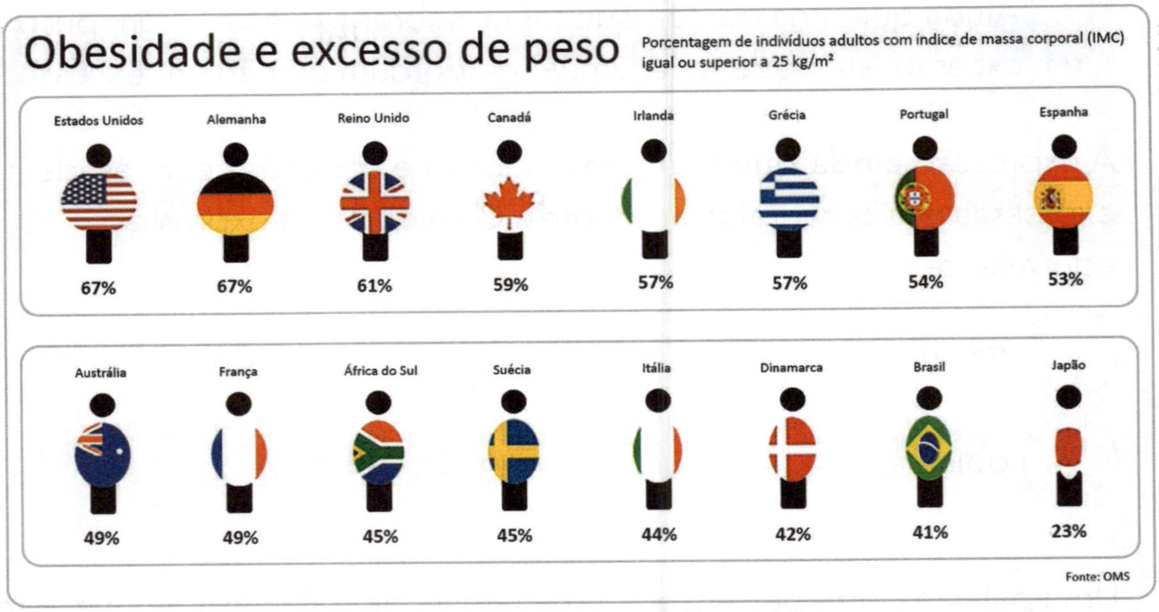

(Disponível em: https://www.atlasdasaude.pt/publico/content/obesidade-simulacao-sensorial-expoe-riscos-do-excesso-de-peso-para-saude. Acesso em: 19/5/2021.)

7 De acordo com o infográfico:

a) Quais são os três países que apresentam o maior número de pessoas obesas ou acima do peso considerado ideal?

____

____

b) A obesidade ou o excesso de peso também são preocupantes no Brasil? Por quê?

____

____

____

____

____

8 Observe estas palavras:

EX**C**E**SS**O	MA**SS**A	OBE**S**IDADE	PE**S**O

a) Quais letras em destaque representam o som /s/ ("sê")?

____

b) Quais são as palavras em que a letra **S** tem o som de /z/?

____

c) Complete as palavras abaixo, pertencentes à família de algumas palavras do infográfico, utilizando as letras adequadas.

e____e____ivo   ma____ificado   obe____o   pe____ar

9 Observe a grafia da palavra **exceção**. Muitas pessoas a escrevem com **ss** na última sílaba, provavelmente por influência da palavra **excesso**.

a) Qual é o sentido da palavra **exceção**? Se necessário, consulte o dicionário.

____

b) Identifique, no grupo de palavras a seguir, quais delas são da mesma família de **exceção** e circule-as.

excepcional	excessivo	excesso
excitante	exclamar	exceto

c) Que semelhança a palavra **exceção** e as palavras que você identificou no item **b** apresentam quanto à grafia?

____

____

____

Leia este texto:

Você sabe por que os bebês nascem roxinhos?

FamVeld/Shutterstock

A **saúde e o bem-estar do recém-nascido** são algumas das maiores preocupações de pais e mães que aguardam o nascimento do seu bebê. Independente do tipo de parto escolhido, todos compartilham do mesmo desejo e preocupação: que seu bebê nasça bem e cheio de saúde.

E entre as muitas dúvidas que circundam esse momento tão especial, uma delas é: **por que os bebês nascem roxinhos?** Se você é do time das que acreditam que bebês saudáveis nascem rosadinhos, como vemos nos filmes e novelas, saiba que está muito enganada! [...] fique tranquila, isso é mais normal do que você imagina!

[...]

Para entender por que os bebês nascem roxinhos precisamos entender as condições intrauterinas nas quais o bebê ficou por toda a gestação. Ao contrário do que muitos pensam, a cor natural do bebê nesse ambiente é levemente arroxeada ou azulada pelo fato de que o útero é um local de baixa oxigenação. Lembre-se que todo o oxigênio necessário para o desenvolvimento do bebê é levado através do sangue que vem da placenta e transportado pelo cordão umbilical. [...]

(Disponível em: https://www.cordvida.com.br/blog/voce-sabe-por-que-os-bebes-nascem-roxinhos/. Acesso em: 19/5/2021.)

10 A respeito do texto, responda:

a) Qual é o assunto do texto?

___

___

b) A que tipo de leitor ele se destina? Justifique sua resposta.

____

____

____

c) Por que duas partes do texto estão escritas com letras em negrito?

____

____

11 Compare estas palavras empregadas no texto:

nascem   nascido   nasça

a) De qual verbo no infinitivo todas essas formas verbais se originam?

____

b) Por que, em **nasça**, a letra **c** recebeu a cedilha?

____

____

____

c) Que outras palavras você conhece que são da mesma família desse verbo? Se não se lembrar, consulte o dicionário.

____

____

d) Em todas elas, é mantido o emprego das letras **sc** ou há alterações?

____

12 Releia este trecho do texto:

> "Independente do tipo de parto escolhido, todos compartilham do mesmo desejo e preocupação: que seu bebê nasça bem e cheio de saúde."

a) Que relação existe entre o trecho "que seu bebê nasça bem e cheio de saúde" e o que foi dito antes?

____

____

b) Qual é o papel do sinal de dois-pontos na conexão entre essas partes da frase?

____

____

____

13 Observe agora este outro trecho do texto:

> "E entre as muitas dúvidas que circundam esse momento tão especial, uma delas é: **por que os bebês nascem roxinhos?**"

a) A expressão **esse momento tão especial** mantém conexão com o que foi dito antes. Qual é a ideia que ela retoma?

____

____

____

b) E que palavra ou expressão é retomada pela expressão **uma delas**?

____

c) Por que foi empregado o sinal de dois-pontos nesse trecho?

____

____

____

Releia o trecho a seguir, observe o papel das conjunções destacadas e responda às questões 14 e 15.

"**Se** você é do time das que acreditam que bebês saudáveis nascem rosadinhos, **como** vemos nos filmes e novelas, saiba que está muito enganada!"

SritanaN/Shutterstock

14 A conjunção **se** expressa o sentido:

( ) de causa de mães acreditarem que seus filhos devem nascer rosadinhos.

( ) de condição para a mãe se considerar "muito enganada".

( ) de tempo, indicando em que momentos e circunstâncias os pais acreditam que os bebês devem nascer rosadinhos.

15 A conjunção **como**, no mesmo trecho, apresenta o sentido de:

( ) quando (tempo).

( ) uma vez que (causa).

( ) semelhante a (conformidade).

16 Complete as lacunas com os verbos indicados entre parênteses:

a) Eu ______________ a cada novo dia. (renascer, presente)

b) Muitas crianças ______________ no próximo ano precisando de novas vacinas. (nascer, futuro)

Julia Lazebnaya/Shutterstock

c) Eu ______________ em Imperatriz, uma cidade do interior do Maranhão. (nascer, passado)

d) Todos agora esperam que você ______________ para uma nova fase da vida. (renascer, presente)

e) Quer o bebê ______________ em julho, quer não ______________, estaremos preparados. (nascer, presente)